Inhalt

Branchenreport LEBENSMITTEL Ausgabe 1/2014

GENIOS BranchenWissen Nr. 05 vom 08.05.2014

Branchenreport LEBENSMITTEL Ausgabe 1/2014

Markus Hofstetter

Kernthesen

- Die deutsche Ernährungsindustrie ist zur Generierung von Wachstum zunehmend auf den Export angewiesen.
- Der Absatz der deutschen Mineralbrunnen stagniert, Umsatzsteigerungen können nur noch mit Premium-Wässern erzielt werden.
- Hierzulande und in der EU wird immer weniger deutsches Bier getrunken, nur der Absatz in Drittländer steigt.
- Die Top 30 des deutschen Lebensmitteleinzelhandels erhöhen weiter ihren Anteil am gesamten Branchenumsatz.
- Es werden zwar immer weniger Tabakwaren

versteuert, doch das Tabaksteueraufkommen bleibt aufgrund von Steuerhöhungen konstant.

Beitrag

Deutsche Ernährungsindustrie wächst nur noch nominal

2013 erzielte die Ernährungsindustrie nach Angaben der Bundesvereinigung der Deutschen Ernährungsindustrie (BVE) einen Umsatz von 174,5 Milliarden Euro. Die entspricht einem Plus von drei Prozent gegenüber 2012. Mengenmäßig kletterte der Branchenumsatz jedoch lediglich um 0,4 Prozent. Das Lebensmittelexportgeschäft war mit einem Ausfuhrwert in Höhe von 53,9 Milliarden Euro eine wichtige Ertragsstütze für die Branche. Das Exportwachstum blieb jedoch mit 5,2 Prozent unter dem Niveau der Vorjahre. Grund hierfür waren die konjunkturbedingte Konsumzurückhaltung in wichtigen EU-Absatzmärkten und Handelshemmnisse in Drittländern.

Die fortwährend geringe Wachstumsdynamik macht laut BVE die schwierige Ertragslage in der

Ernährungsindustrie deutlich. Was sind die Probleme? Die Preise für Rohstoffe, Energie und Transport bewegen sich konstant auf hohem Niveau. Zudem schränken der zunehmende internationale Wettbewerb und die hohe Marktkonzentration im deutschen Lebensmitteleinzelhandel die Möglichkeiten für höhere Verkaufspreise ein, was Umsatzsteigerungen am deutschen Markt schwierig macht. Dies resultiert in schwindenden finanziellen Spielräumen für Innovationen und Investitionen. Wachstum können die Lebensmittelhersteller deswegen nur durch die Erschließung neuer Absatzmärkte im Export generieren.

Für das laufende Jahr erwarten die Nahrungsmittelhersteller eine weiter angespannte Ertragslage. Die Kostenintensität in der Lebensmittelherstellung, der harte Wettbewerb und die hohen Kundenanforderungen sollen zunehmen. Allein der niedrige Inflationsdruck und die guten Einkommensaussichten der deutschen Haushalte begünstigen den wertmäßigen Absatz im Inland. Dennoch ist die Branche zuversichtlich, die BVE erwartet für 2014 ein nominales Umsatzwachstum von bis zu vier Prozent. (1), (2), [Abb. 1]

Der Markt für Wasser und

Erfrischungsgetränke ist weitgehend gesättigt

Laut dem Verband Deutscher Mineralbrunnen (VDM) haben die Mineralbrunnen 2013 insgesamt 10,4 Milliarden Liter Mineralwasser und Heilwasser abgefüllt. Der Absatz ist damit im Vorjahresvergleich um zwei Prozent gewachsen. Der durchschnittliche Konsum der deutschen Verbraucher 2013 erhöhte sich um 1,6 Liter auf rund 140 Liter Mineral- und Heilwasser. Mit einem Marktanteil von 84,7 Prozent blieben Mineralwässer mit Kohlensäure am beliebtesten. Das stärkste Wachstum wiesen jedoch Mineralwässer ohne Kohlensäure auf. Der Absatz erhöhte sich um 8,4 Prozent auf 13,2 Milliarden Liter, der Marktanteil betrug 12,6 Prozent. Mineralwässer mit Aroma verzeichneten einen Marktanteil von 1,9 Prozent, Heilwässer von 0,8 Prozent.

Weiteres Absatzwachstum im Wassermarkt ist aufgrund der demografischen Entwicklung unrealistisch. Ein Lichtblick ist jedoch, dass die Konsumenten bereit sind, mehr Geld für Premium-Wasser auszugeben. Zwar wird weiterhin mehr Discount-Wasser gekauft, Premium-Wässer liegen hingegen beim Umsatz vorne. Mit einem Absatzanteil von 12,8 Prozent erwirtschafteten Premium-Marken in den ersten neun Monaten 2013 einen Umsatzanteil von fast 30 Prozent. (4), (5), [Abb. 2]

Auch der Markt für Erfrischungsgetränke scheint weitgehend gesättigt. Dennoch errechnete die Wirtschaftsvereinigung Alkoholfreie Getränke (Wafg) für 2013 einen deutlich erhöhten Pro-Kopf-Verbrauch von 125,5 Liter gegenüber 121,6 Liter im Jahr davor. Der Grund ist jedoch, dass durch die Neuberechnung der Einwohnerzahlen in Deutschland von 80,5 statt 82 Millionen ein rein statistischer Effekt entsteht, der nicht auf tatsächlichen Wachstumsraten beruht. Nach den korrigierten und damit vergleichbaren Zahlen für 2012 lag das tatsächliche Pro-Kopf-Wachstum 2013 bei lediglich 0,1 Prozent.

Nach den von der Wafg veröffentlichen Erhebungen der neuen Zahlen gewann die Kategorie Limonaden 0,2 Prozent auf 82,7 Liter hinzu. Verantwortlich für das Plus waren die Segmente kalorienarme Colas und Cola-Mischgetränke (light), die um 7,6 Prozent auf 10,9 Liter zulegten. Sie glichen das Minus von 14,1 Prozent der übrigen Light-Limos aus. Die Kategorie Schorlen mit hohem Fruchtanteil und Wasser plus Frucht, sie verfügen über fünf Prozent Frucht, gingen um 4,5 Prozent auf 7,3 Liter pro Kopf zurück. Wasser mit Aromen entwickelten sich mit minus sechs Prozent auf sieben Liter ähnlich. Ein Plus verzeichneten hingegen die mit Vitaminen und Mineralstoffen angereicherten Getränke und

Energydrinks, sie legten um 1,6 Prozent auf 3,2 Liter pro Kopf zu. Die Kategorie Brausen und sonstige Erfrischungsgetränke, in denen Bittergetränke und Nektare enthalten sind, war mit minus 1,6 Prozent auf 4,9 Liter etwas rückläufig. Der Verbrauch von Kaffee- und Teegetränke mit Fruchtsaftanteilen stieg dagegen um sieben Prozent auf 8,2 Liter an. Der Verbrauch in der Kategorie Fruchtsaftgetränke, sie ist unterteilt in die vier Segmente kohlensäurehaltige und -freie Fruchtsaftgetränke sowie die jeweiligen Light-Getränke, erhöhte sich um 4,6 Prozent auf 11,4 Liter. (6)

Der Niedergang am Biermarkt hält an

Der Absatz der in Deutschland ansässigen Brauereien und Bierlager sank 2013 laut dem Statistischen Bundesamt (Destatis) insgesamt um zwei Prozent beziehungsweise 1,9 Millionen Hektoliter auf rund 94,6 Millionen Hektoliter Bier. Dies ist die niedrigste Menge seit der Wiedervereinigung. Damit setzt sich der seit 2007 anhaltende Rückgang des Bierabsatzes weiter fort. Biermischgetränke machten 2013 mit 4,2 Millionen Hektoliter 4,5 Prozent des gesamten Bierabsatzes aus. Auch in diesem Segment war mit minus 1,9 Prozent ein leichter Absatzrückgang zu verzeichnen. Alkoholfreie Biere, Malztrunk sowie das aus Ländern außerhalb der Europäischen Union eingeführte Bier werden in der Statistik nicht berücksichtigt. Beim alkoholfreien Bier wird mit einem erneuten Anstieg gerechnet, der sich, wie in den Jahren zuvor, positiv auf die Branche auswirken kann.

Im Inland sank der Bierabsatz 2013 um 1,7 Prozent auf 79,7 Millionen Hektoliter. Damit waren 84,2 Prozent des gesamten Bierabsatzes für den Inlandsverbrauch bestimmt. Gründe für die deutlichen Absatzeinbußen waren laut dem Deutschen Brauer-Bund (DBB) das gemischte Wetter sowie die fortschreitende Alterung der Gesellschaft. Der Export in die EU-Länder sank um 8,6 Prozent auf mehr als zehn Millionen Hektoliter. Der Absatz in Drittländer dagegen erhöhte sich um 8,7 Prozent auf 4,7 Millionen Hektoliter. (7)

Der Bundesverband des Deutschen Getränkefachgroßhandels (BV GFGH) erwartet bald steigende Bierpreise. Grund sind Strafzahlungen des Bundeskartellamtes, die wegen der geringen Margen im Biermarkt an die Kunden weitergereicht werden. Insgesamt müssen Bitburger, Krombacher, Veltins, Warsteiner, die Radeberger-Gruppe, Carlsberg, die regionalen Brauereien Bolten, Erzquell, Gaffel Barre, Früh sowie dem Brauereiverband NRW Bußgelder in Höhe von insgesamt fast 340 Millionen Euro zahlen.

Anheuser-Busch InBev blieb als Kronzeuge straffrei. Das Kartellamt wirft den Beteiligten vor, den Abgabepreis so erhöht zu haben, dass Endverbraucher je Kasten im Schnitt rund einen Euro mehr bezahlen mussten. Nach Berechnungen der Verbraucherzentrale Hamburg ergab sich daraus für Verbraucher ein Schaden von etwa 432 Millionen Euro. Allerdings widerspricht eine Statistik der Marktforscher der Gesellschaft für Konsumforschung (GfK), die den Regalpreis in 2008 um lediglich 60 Cent, den Aktionspreis nur um 30 Cent gegenüber dem Vorjahr gesteigert sehen. Und seither fallen die Preise deutlich. (8), (9)

Im Tabakmarkt weist nur Pfeifentabak ein Wachstum auf

2013 wurden in Deutschland laut dem Statistischen Bundesamt 80,3 Milliarden Zigaretten versteuert. Gegenüber 2012 bedeutet dies einen Absatzrückgang von 2,6 Prozent. Gründe dafür sind laut dem Deutschen Zigarettenverband (DZV) neben einem Konsumrückgang Marktverschiebungen hin zu Feinschnitttabak und nicht in Deutschland versteuerten Zigaretten. Nach Kleinverkaufswerten wurden im vergangenen Jahr Zigaretten für insgesamt 24,3 Milliarden Euro versteuert. Das waren 0,3 Prozent mehr als 2012. Im Vergleich zu 2012 stieg erneut der Anteil der nicht in Deutschland versteuerten Zigaretten bundesweit um 1,1 auf 21,7 Prozent an. In Ostdeutschland ist der Anteil wesentlich höher, er wird auf fast die Hälfte aller Zigaretten geschätzt.

Beim Feinschnitt fiel das Minus stärker aus als bei der Zigarette. Hier lag die versteuerte Menge mit 25 734 Tonnen 4,4 Prozent unter dem Niveau des Vorjahres. Der Kleinverkaufswert erhöhte sich dagegen um 1,4 Prozent auf 3,35 Milliarden Euro.

Auch der Absatz von Zigarren und Zigarillos ging zurück. Er reduzierte sich um 6,2 Prozent auf rund 3,6 Milliarden Stück. Der Kleinverkaufswert ging um 4,4 Prozent auf 713,8 Millionen Euro zurück.

Dagegen stieg die versteuerte Menge an Pfeifentabak um 16,6 Prozent auf rund 1 200 Tonnen. Dieses Wachstum geht im Wesentlichen auf das Konto von Wasserpfeifentabak. Denn der Markt für klassische Pfeifentabake ist seit Jahren tendenziell rückläufig. Der versteuerte Verkaufswert erhöhte sich um 15,3 Prozent auf 120,7 Millionen Euro.

Dennoch blieb das gesamte Tabaksteueraufkommen mit 14,12 Milliarden Euro stabil. Diese Entwicklung erklärt sich durch das fünfstufige Tabaksteuermodell des Bundesministeriums der Finanzen (BMF), das regelmäßige moderate Steuererhöhungen vorsieht. So verzeichnete der deutsche Fiskus in den vergangenen Jahren trotz Konsumrückgängen bei Zigaretten in Summe eine Erhöhung des Tabaksteueraufkommens. Dazu steuerten Zigaretten rund 12,20 Milliarden Euro bei nach 12,28 Milliarden Euro im Jahr zuvor. (10), (11)

Die großen Markenhersteller haben die Banderolenpreise ihrer Zigaretten zu Jahresbeginn nicht angehoben, obwohl seit 1. Januar 2014 die vierte von fünf jährlichen Tabaksteueranhebungen greift. Dabei wäre eine Preiserhöhung mit Blick auf die Margen von Industrie und Handel notwendig. Als Daumenwert gilt, dass eine Zigarettenpackung à 19 Stück bei einer Weitergabe der Verteuerung zehn Cent mehr kosten müsste. Eine Ausnahme macht Reemtsma mit der Stichtagsumstellung zum 14. Februar 2014. Insgesamt 31 Artikel aus dem Bereich seiner Traditionsmarken wie Peter Stuyvesant, Ernte 23, Gitanes, R1, R6 und Reval werden um zehn Cent verteuert. Bei der Davidoff Slim hat Reemtsma den Preis um 20 Cent auf 5,40 Euro erhöht. Die großen Marken wie West bleiben jedoch auch bei Reemtsma außen vor. Der Handel kritisiert das Verhalten der Hersteller, wobei die Kritik nicht neu ist. Schon Anfang 2013, als der dritte Anhebungsschritt des Fiskus fällig war, verschob die Industrie eine Preisanpassung bis in den Mai/Juni. (12)

Die Top 30 des Lebensmitteleinzelhandels bauen ihre Marktmacht aus

2013 war für den deutschen Lebensmitteleinzelhandel das beste Jahr seit 2008. Denn die Super- und Verbrauchermärkte, Discounter und Drogeriemärkte erzielten laut der GfK Umsatzzuwächse von durchschnittlich 2,7 Prozent. Ein Teil der Zuwächse ist auf Preiserhöhungen zurückzuführen. Doch machte sich auch bemerkbar, dass die Verbraucher ihre Ansprüche nach oben geschraubt und höherwertige, teurere Artikel gekauft haben. Supermärkte und Discounter profitierten laut GfK am meisten von der gestiegenen Kauflust, sie erhöhten ihre Umsätze um jeweils 3,2 Prozent. SB-Warenhäuser hinkten dagegen mit einem Plus von 0,7 Prozent weit hinterher. Die Mengennachfrage überschritt ihren Zenit und war rückläufig. Bei einem ermittelten Preisanstieg von 3,2 Prozent für das gesamte FMCG-Sortiment inklusive Frische errechnet sich laut GfK für das vergangene Jahr ein Rückgang der nachgefragten Menge von einem halben Prozentpunkt.

Abweichende Zahlen legen die Marktforscher von Trade Dimensions vor. Demnach belief sich der

Bruttoumsatz im Lebensmitteleinzelhandel auf 239,56 Milliarden Euro. Die Wachstumsquote fiel mit 1,9 Prozent geringer aus als 2012 mit 2,5 Prozent.

Die Top 30 des deutschen Lebensmitteleinzelhandels bauten 2013 laut Trade Dimensions ihre Marktmacht weiter aus. Im Vergleich zum Vorjahr erhöhten sie ihren Umsatz um 2,6 Prozent auf 234,12 Milliarden Euro. 2012 lag das Umsatzplus noch bei 2,1 Prozent. Damit stehen sie nun für 97,7 Prozent des gesamten Branchenerlöses. Deutschlands größter Lebensmittelhändler Edeka überschritt 2013 erstmals die Umsatzmarke von 50 Milliarden Euro. Der Abstand zum Zweiten Rewe mit knapp über 37 Milliarden Euro Umsatz wuchs damit weiter an. Platzwechsel sind im Ranking eher die Ausnahme. Umso bemerkenswerter ist, dass Metro mit knapp 30 Milliarden Euro Umsatz seine Top-drei-Platzierung an die Schwarz-Gruppe mit nun 32 Milliarden Euro abtreten musste. Die Nummer fünf ist Aldi mit knapp 27 Milliarden Euro Umsatz. Auch 2013 wirkte der Schlecker-Abgang nach. Die beiden Drogeriemärkte dm und Rossmann wuchsen deswegen und aufgrund eigener Expansion mit 14,3 beziehungsweise 12,1 Prozent zweistellig. Erster kommt auf rund 5,8 Milliarden Euro Umsatz, letzter auf knapp fünf Milliarden Euro. Rossmann ist damit an Globus vorbeigezogen, die einen Umsatz von knapp 4,6 Milliarden Euro erwirtschaftete. Die

Wachstumsdimensionen der Drogeriemärkte übertrafen nur noch die Biospezialisten Dennree mit 15 Prozent und Alnatura mit 15,1 Prozent. (13), (14), (15), [Abb. 3]

Bio ist weiter auf Wachstumskurs

2013 gaben die deutschen Haushalte laut der im Agrarmarkt Informations-Gesellschaft mbH (AMI) koordinierte Arbeitskreis Biomarkt insgesamt 7,55 Milliarden Euro für Biolebensmittel und -getränke aus. Das waren 7,2 Prozent mehr als im Jahr zuvor. Das Geschäft hielt damit seine Dynamik der letzten Jahre aufrecht, wenngleich sich die einzelnen Warengruppen unterschiedlich entwickelten. So profitierten Fleischwaren vom reichlichen und häufig günstigen Angebot an Schweinefleisch. Erstmals seit Jahren überstieg bei Bioschweinen das Angebot die Nachfrage. Mengenmäßig ergab sich im Wurstsegment ein Absatzplus von rund sieben Prozent, nach Wert sogar eines von gut elf Prozent. Die Umsätze im Sortimentsbereich Biogeflügel entwickelten sich hingegen leicht rückläufig, wobei die Menge aber um etwa vier Prozent zulegte. Der Absatz von Rotfleisch schrumpfte um knapp acht Prozent, einerseits bedingt durch das kleinere Rindfleischangebot und andererseits durch den Trend hin zu einer fleischärmeren Ernährungsweise.

In allen drei Sortimentsbereichen stellen die Biovarianten mit einem Umsatzanteil von etwa ein bis zwei Prozent nach wie vor einen vergleichsweise kleinen Anteil am Gesamtmarkt. Mit knapp 14 Prozent Umsatzanteil erzielen Eier eine der höchsten Bio-Quoten.

Insgesamt entfielen 60 Prozent des Bioumsatzes auf den Lebensmitteleinzelhandel, 32 Prozent auf den Naturkostfachhandel und neun Prozent auf sonstige Verkaufsstätten, zu denen Metzgereien oder Wochenmärkte zählen. (16), (17)

Trends

Dosenbier wird bei Verbrauchern immer beliebter

Die Deutschen greifen immer häufiger zu Dosengetränken. Insgesamt wurde 2013 laut dem europäischen Herstellerverband BCME in der Bundesrepublik rund 1,42 Milliarden Getränkedosen verkauft. Das entspricht einer Steigerung von 3,5 Prozent gegenüber dem Vorjahr. Besonders deutlich fiel der Zuwachs mit einem Plus von fast zehn

Prozent bei Bierdosen aus, und das obwohl der Biermarkt insgesamt schrumpfte. Inzwischen entfallen nach Angaben des Branchenverbandes 20 Prozent des Gesamtmarktes für Bier auf die Dose. Bei Softdrinks wird ein Zehntel der Getränke in Dosen abgesetzt. Die Recyclingquote soll in Deutschland bei 96 Prozent liegen. Europaweit stieg die Zahl der verkauften Dosen um drei Prozent auf 60 Milliarden Stück. (18)

Markteintritt von Tabakriesen könnte E-Zigaretten einen Schub geben

Tabakriesen wie der Branchenprimus Philip Morris International (PMI) und Reemtsma nehmen die rauchlose E-Zigarette inzwischen ernst. PMI will sogar eine eigene E-Zigarette einführen. Viele Händler erwarten nun, dass alle vier großen Tabakhersteller, also neben PMI und der Reemtsma-Mutter Imperial auch BAT und Japan Tobacco mit der E-Zigarette ernst machen. Der Eintritt der internationalen Konzerne in dem Markt könnte ihm einen Schub geben, da mehr Rechtssicherheit unter Aspekten wie Retouren, Regressmöglichkeiten, Rezeptur- und Haftpflichtfragen erwartet wird. Des Weiteren gibt es einen im Vergleich zum Standard-

Tabakgeschäft großen Freiraum, was Steuerabgaben, TV-Werbung oder Vertriebsmöglichkeiten betrifft. Bisher ist der Markt völlig ungeordnet. Für die Entscheidung der Konzerne spricht vor allem ein starkes Marktwachstum zumindest in Nordamerika und den wichtigsten Märkten Europas. Dies sind Gebiete, in denen die strengsten Verbotsvorschriften für Raucher heute greifen. Laut dem Verband des eZigarettenhandels (VdeH) haben etwa 43 Prozent der 20 Millionen Raucher in Deutschland eine E-Zigaretten benutzt oder zumindest schon einmal getestet. (19), [Abb. 4]

Fallbeispiele

Mars wird grüner

Nach anhaltender Kritik von Nichtregierungsorganisationen an Nachhaltigkeitsstandards im Bereich Palmöl reagieren die Lebensmittelhersteller und etablieren strengere Regeln. Mars will bis Ende 2014 eine vollständig rückverfolgbare Lieferkette bis zu den Ölmühlen aufbauen. Gleichzeitig hat das Unternehmen neue Abholzungsrichtlinien verabschiedet, die neben Palmöl Rindfleisch, Zellstoff und Soja betreffen. Schon 2013 hatte der Konzern den

Bedarf aus Quellen gedeckt, die mit dem Siegel des Runden Tischs für nachhaltiges Palmöl (RSPO) zertifiziert sind. (20)

Zahlen & Fakten

Abbildung 1: Konjunkturdaten der deutschen Ernährungsindustrie 2013

	2013*	**2012**
Umsatz nominal	**174,5 Mrd. Euro (3,0%)**	**169,9 Mrd. Euro (+3,6%)**
davon Inland	120,6 Mrd. Euro (2,1%)	118,1 Mrd. Euro (2,4%)
davon Ausland	53,9 Mrd. Euro (5,2%)	51,2 Mrd. Euro (6,8%)
Reale Umsatzentwicklung	0,4%	0,2%
Auslandsanteil am Umsatz	31%	30,5%
Betriebe	5.950 (-0,3%)	5.970 (0,1%)
Beschäftigte	556.000 (0,2%)	555.000 (0,9%)
Verkaufspreise Ernährungsindustrie**		
Inland	2,9%	3,6%
Ausland	1,8%	3,2%

* vorläufige Schätzung ** Angaben für 2013: Januar bis November 2013 gegenüber Vorjahreszeitraum Veränderungen gegenüber dem Vorjahr in Klammern Stand: 07. Januar 2014 Quelle: Statistische Bundesamt, BVE Entnommen: Homepage des BVE, (3)

Abbildung 2: Wasser - Absatz und Umsatz der Preissegmente

	Januar - September 2013	
	Absatzanteil*	Umsatzanteil*
Markenbereich Premium (>0,40 Euro)	12,8	29,9
Markenbereich im Mittelpreissegment (0,20 bis 0,39 Euro)	19,9	16,9
Marken im Niedrigpreissegment (<0,19 Euro)	5,6	2
Promotion-Anteil der Marken	11,9	16,1
Handelsmarken LEH	14,1	8,5
Handelsmarken Discounter	43,7	26,7

* Angaben in Prozent Quelle: GfK, Wasser, Januar bis September 2013, Anteile auf Umsatz- und Absatzbasis, Deutschland gesamt Entnommen aus: Rundschau für den Lebensmittelhandel, 1/2014, S. 12,

(5)

Abbildung 3: Die Top 10 im deutschen Lebensmitteleinzelhandel 2013

Rang	Unternehmen	Food-Umsatz 2013 in Millionen Euro	Veränderung zu 2012 in Prozent	Gesamtzumsatz 2013 in Millionen Euro
1	Edeka-Gruppe (1)	46.086	3,4	50.855
2	Rewe-Gruppe (1)	26.813	2,2	37.113
3	Schwarz-Gruppe (2)	26.000	4,9	32.035*
4	Aldi-Gruppe (2)	21.369	3,6	26.985*
5	Metro-Gruppe (2)	11.037	-2,1	29.727
6	Lekkerland	8.182	2,2	8.449
7	dm	4.604	14,2	5.842
8	Rossmann	4.005	12,1	4.990
9	Globus	2.982	3	4.593
10	Bartels-Langness-Gruppe	2.802	3,6	3.740*

1: inklusive Außenumsatz des angeschlossenen

selbstständigen Einzelhandels 2 veränderte Food-Umsätze aufgrund Neubewertung des Vorjahres *: Schätzungen Trade Dimensions Quelle: Trade Dimensions Entnommen aus: Lebensmittel Zeitung, 11/2014, S. 46 bis 047, (15)

Abbildung 4: Marktentwicklung von E-Zigaretten

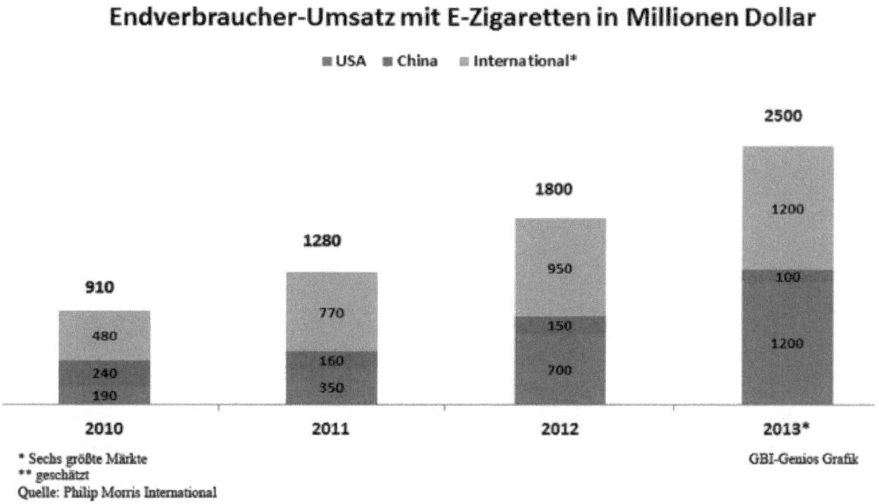

Entnommen aus: Lebensmittel Zeitung, 48/2013, S. 14, (19)

Weiterführende Literatur

(1) Schwieriges Jahr für Ernährungsindustrie
aus Lebensmittel Zeitung 03 vom 17.01.2014 Seite 018

(2) Leichtes Umsatzwachstum erwartet
aus Allgemeine BäckerZeitung Nr. 02 vom 25.01.2014 Seite 008

(3) Konjunkturdaten Ernährungsindustrie
aus Allgemeine BäckerZeitung Nr. 02 vom 25.01.2014 Seite 008

(4) Rund 140 Liter Mineral und Heilwasser haben
aus Rundschau für den Lebensmittelhandel Nr. 02 vom 01.02.2014 Seite 12

(5) Rund 136 Liter Mineral- und Heilwässer haben
aus Rundschau für den Lebensmittelhandel Nr. 01 vom 01.01.2014 Seite 12

(6) Light hilft Softdrinkmarkt
aus Lebensmittel Zeitung 08 vom 21.02.2014 Seite 014

(7) Bierabsatz in Deutschland um zwei Prozent gesunken
aus Brauwelt, 7/2014, S. 178-179

(8) Getränkehandel erwartet steigende Bierpreise
aus www.lebensmittelzeitung.net vom 20.01.2014

(9) Millionenstrafe für die Brauereien
aus "Medianet" Nr. 1788/2014 vom 04.04.2014 Seite 18

(10) DZV: Jede fünfte in Deutschland konsumierte Zigarette wird nicht in der Bundesrepublik versteuert
Über 14 Milliarden Euro Tabaksteuer
aus Die Tabak Zeitung vom 24.01.2014, Nr. 004/2014

(11) Tabaksteuer-Einnahmen 2013 nahezu stabil / Wasserpfeifentabak verzeichnet steigende Nachfrage Mengenrückgänge in fast allen Tabaksparten
aus Die Tabak Zeitung vom 24.01.2014, Nr. 004/2014

(12) Druck auf Tabakmarge
aus Lebensmittel Zeitung 04 vom 24.01.2014 Seite 016

(13) Edeka knackt die 50 Milliarden-Marke
aus www.lebensmittelzeitung.net vom 13.03.2014

(14) GfK misst überdurchschnittliches Wachstum
aus www.lebensmittelzeitung.net vom 31.01.2014

(15) Schwarz-Gruppe lässt Metro hinter sich
aus Lebensmittel Zeitung 11 vom 14.03.2014 Seite 046 bis 047

(16) Bio bleibt in der Nische
aus afz - allgemeine fleischer zeitung 08 vom 19.02.2014 Seite 001

(17) Der Umsatz mit Bio-Lebensmitteln ist im vergangenen Jahr
aus Rundschau für den Lebensmittelhandel Nr. 03 vom 01.03.2014 Seite 13

(18) Deutsche greifen immer häufiger zur Getränkedose
aus www.lebensmittelzeitung.net vom 25.02.2014

(19) E-Zigarette wird 2014 ein Thema
aus Lebensmittel Zeitung 48 vom 29.11.2013 Seite 014

(20) Mars verschärft Palmölkriterien
aus Lebensmittel Zeitung 12 vom 21.03.2014 Seite 016

Impressum

Branchenreport LEBENSMITTEL Ausgabe 1/2014

Bibliografische Information der deutschen Nationalbibliothek

Die Deutsche Nationalbibliothek verzeichnet diese Publikation in der deutschen Nationalbibliografie; detaillierte bibliografische Daten sind im Internet über http://dnb.d-nb.de abrufbar.

ISBN: 978-3-7379-5662-8

oder ähnliche Einrichtungen und die Einspeicherung und Verarbeitung in elektronischen Systemen.